उस से मुहब्बत

युवान
बुक्स

अनबाउंड स्क्रिप्ट का उपक्रम

उस से मुहब्बत : वरुण आनन्द

प्रथम संस्करण : अगस्त, 2025
द्वितीय संस्करण : जनवरी, 2026

ISBN : 978-93-48497-28-4

प्रकाशक : **अनबाउंड स्क्रिप्ट**
2/41, अंसारी रोड, दरियागंज, दिल्ली - 110002
वेबसाइट : www.unboundscript.com
ई-मेल : books@unboundscript.com
फोन नं. : 011-35807601

US SE MUHABBAT

Written *by* Varun Anand

Illustrated *by* Mahesh Verma

मुद्रक : यश प्रिंटोग्राफिक्स, नोएडा, उत्तर प्रदेश

मूल्य : ₹ 199/-

उस से मुहब्बत

वरुण आनन्द

युवान बुक्स

ग़ज़लें

नज़्में

मसनवियाँ

भूमिका

कुछ अल्फ़ाज़ हमारे दिल से निकलते हैं-
और सीधे दूसरों के दिलों में उतर जाते हैं।
ग़ज़लें बस ग़ज़लें नहीं होतीं,
वो एहसासात की आवाज़ होती हैं,
जो कभी सिसकियों में छुप जाती हैं,
तो कभी मुस्कुराहटों में खिल उठती हैं।

यह किताब मेरी पहली कोशिश है। यह उन ग़ज़लों का संकलन है, जिन्हें मैंने ज़िंदगी से उधार लिया है। ये पन्ने सिर्फ़ शब्दों का मेल नहीं हैं, ये मेरे सफ़र के गवाह हैं- उस सफ़र के, जिसमें बचपन की मासूमियत, जवानी की बेचैनी, माँ की ममता, वक़्त की बेरुख़ी और मुहब्बत की नर्मी- सबकुछ शामिल है।

मुझे बचपन से ही शायरी और संगीत से बेहद लगाव था। किसी शेर में छुपे गहरे अर्थ, किसी लफ़्ज़ की मिठास, किसी साज़ की तरंग- ये सब मेरे दिल को छू जाया करते थे। मगर इस मुहब्बत को दिशा तब मिली जब

मैंने जगजीत सिंह साहब को सुना। उनकी आवाज़ में जो ठहराव था, जो जज़्बात थे- उन्होंने मेरे भीतर एक नयी दुनिया जगा दी। जगजीत साहब मेरे आदर्श बन गये।

उनकी आवाज़ में ग़ज़लों को सुनते-सुनते मुझे एहसास हुआ कि अल्फ़ाज़ सिर्फ़ बोले या लिखे नहीं जाते- उन्हें महसूस किया जाता है। वो थे तो एक ग़ज़ल गायक लेकिन मैंने उनसे गाने नहीं, लिखने की प्रेरणा ली। क्योंकि जो कलाम वो गाते थे वे सब कहीं-न-कहीं बड़े शायरों के ही थे। इन्हें सुनकर मुझे ख़ुद शायरी करने का मन हुआ। उन्हीं से प्रेरणा लेकर मैंने 18 वर्ष की उम्र में पहली बार शायरी की ओर क़दम बढ़ाया।

शुरुआत में ये सब कुछ केवल अपने लिए था- दिल का बोझ हल्का करने की एक कोशिश। मगर ज़िंदगी हर किसी को परखती है। मेरी माँ का निधन मेरी ज़िंदगी का सबसे बड़ा सदमा था। उस दिन के बाद जैसे मेरी दुनिया थम-सी गई। शायरी, जो मेरी साँसों की तरह थी, उससे भी दूरी बन गयी। वर्षों तक मैंने लेखन से मुँह मोड़ लिया और ख़ुद को सिर्फ़ ज़िम्मेदारियों में उलझा लिया। लेकिन वक़्त ने फिर मोड़ लिया- एक ऐसा मोड़ जो रौशनी लेकर आया।
मेरी ज़िंदगी में शमा बटवाल जी का आना एक बरकत की तरह था।

एक सच्ची दोस्त, नेकदिल इंसान और मेरे लिए किसी फरिश्ते जैसी मौजूदगी। उनकी दोस्ती, उनकी सकारात्मकता और सच्चा समर्थन मेरी रूह तक उतर गया। उन्होंने न सिर्फ़ मुझे समझा, बल्कि मेरे भीतर के उस लेखक को दोबारा जगाया जो सालों से चुप बैठा था।
उनकी मौजूदगी ने मुझे फिर से कलम थामने का हौसला दिया। अगर यह किताब आज आपके हाथ में है, तो इसमें उनका बहुत बड़ा योगदान है। उनके बारे में यहाँ जितना भी लिख दूँ, मेरी नज़र में कम ही होगा।

इसके बाद मेरी यात्रा फिर से शुरू हुई- लेकिन इस बार अकेले नहीं।

फेसबुक, जो आज के दौर का सबसे बड़ा मंच बन चुका है, मेरे लिए एक नया आकाश साबित हुआ। वहाँ के प्रतिभा मंच जैसे साहित्यिक समूहों ने मेरी सोच को दिशा दी, मेरी लेखनी को धार दी। वहाँ नये-नये कवियों और शायरों को पढ़ने-सीखने का मौक़ा मिला। शब्दों की क़द्र वहाँ फिर से महसूस हुई। मुझे मेरे उस्ताद भी वहीं मिले; आदरणीय श्री कुँवर कुश्मेश जी, जिन्होंने मुझे ग़ज़ल की हर वो ज़रूरी बात बताई, जो किसी भी नये लिखने वाले के लिए ज़रूरी होती है। मैं उनका हमेशा आभारी रहूँगा।

शुरुआत में जब अपनी ग़ज़लें फेसबुक पर साझा कीं, तो उम्मीद नहीं थी कि कुछ ख़ास होगा। मगर जब लोगों का प्यार, सराहना और प्रतिक्रियाएँ मिलने लगीं- तो यक़ीन हुआ कि शायद मेरे लफ़्ज़ किसी की रूह को छू रहे हैं।

ग़ज़लें वायरल होने लगीं, और मेरी मेहनत को पहचान मिली।
दिल को बहुत सुकून मिला, जब अजनबी लोग भी दिल से दुआ देने लगे।

आज भी जब कोई मेरी ग़ज़ल को पढ़कर "वाह" कहता है, तो लगता है कि मेरी चुप्पियों ने आवाज़ पा ली है। लोग अपनी मुहब्बत और सराहना के साथ मुझसे बार-बार कहते रहे- "आपकी ग़ज़लें किताब की शक्ल में होनी चाहिए"। असल में यह किताब उसी प्यार का जवाब है।

यह किताब उन सभी लोगों के लिए है- जो मेरी रचनाओं को सुनते, पढ़ते और महसूस करते हैं।
यह उन सभी के लिए है, जिन्होंने शब्दों से मुहब्बत करना सिखाया, जिन्होंने मेरे दिल की आवाज़ को समझा।

शब्दों का ये तोहफ़ा आपके लिए है-
जिन्होंने मुझे पहचान दी,
हौसला दिया,
और शायरी को मेरी ज़िंदगी का सबसे ख़ूबसूरत हिस्सा बना दिया।
यह किताब,
उन सबके नाम-
जिन्होंने मुझे मेरी ग़ज़लों से फिर से जोड़ दिया।
जिन्होंने मेरी ख़ामोशी को आवाज़ दी।
और सबसे बढ़कर,
जिन्होंने मेरी मुहब्बत को समझा।

स्वतंत्रता दिवस, 2025

बहुत कम समय में यह दूसरा संस्करण है। मेरे अल्फ़ाज़ अगर किसी दिल में ठहर पाए, तो उसका सबब आपका भरोसा है। "उस से मुहब्बत" को जो मुक़ाम मिला, वो हर पाठक की मुहब्बत का नतीजा है। आभार इस कामयाबी के लिए।

-वरुण आनन्द
जनवरी, 2026

लगा हूँ हाथ जो तेरे तो अब सँभाल मुझे
मैं एक बार ही मिलता हूँ बार बार नहीं

ग़ज़लें

1

फ़रेबी शीरीं ज़ियादा ज़हीन लोगों से
गुरेज़ करता हूँ मैं ऐसे तीन लोगों से

फ़क़ीर औलिया शाइ'र मतीन लोगों से
मिला-जुला करो इन बेहतरीन लोगों से

ये कितनी लाशें सहेजे किसे कहाँ रक्खे
कि तंग आ गई है अब ज़मीन लोगों से

यक़ीन कर वो तिरे पास लौट आएगा
जब उसका उठने लगेगा यक़ीन लोगों से

तुम उसके हुस्न पर जब जब भी तब्सिरा करना
तो पहले मशवरा लेना हसीन लोगों से

ये माँगने पे कहाँ कुछ किसी को देते हैं
जो तेरा हक़ है उसे लड़ के छीन लोगों से

2

अपना किरदार बचाने में लहू लगता है
ज़िंदगी तेरे फ़साने में लहू लगता है

हिज्र की आग शराबों से कहाँ बुझती है
हिज्र की आग बुझाने में लहू लगता है

ख़ून थुकवाता है हर बार तिरा नाम मुझे
तुझको आवाज़ लगाने में लहू लगता है

ये वो दुनिया है जहाँ आने में आसानी है
हाँ मगर लौट के जाने में लहू लगता है

इसलिए भी मैं बुझा रखता हूँ माज़ी के चराग़
उन चराग़ों को जलाने में लहू लगता है

और तस्वीरें तो बनती हैं फ़क़त रंगों से
उसकी तस्वीर बनाने में लहू लगता है

जिनकी रग रग में हो पानी वो मुहब्बत न करें
इस मुहब्बत को निभाने में लहू लगता है

3

चाँद सितारे फूल परिंदे शाम सवेरा एक तरफ़
सारी दुनिया उस का चर्बा उस का चेहरा एक तरफ़

वो लड़ कर भी सो जाए तो उस का माथा चूमूँ मैं
उस से मुहब्बत एक तरफ़ है उससे झगड़ा एक तरफ़

जिस शय पर वो उँगली रख दे उसको वो दिलवानी है
उसकी ख़ुशियाँ सबसे अव्वल सस्ता महँगा एक तरफ़

सारी दुनिया जो भी बोले सब कुछ शोर-शराबा है
सबका कहना एक तरफ़ है उसका कहना एक तरफ़

ज़ख़्मों पर मरहम लगवाओ लेकिन उसके हाथों से
चारा-साज़ी एक तरफ़ है उसका छूना एक तरफ़

उसने सारी दुनिया माँगी मैंने उसको माँगा है
उसके सपने एक तरफ़ हैं मेरा सपना एक तरफ़

4

ये शोख़ियाँ ये जवानी कहाँ से लाएँ हम
तुम्हारे हुस्न का सानी कहाँ से लाएँ हम

मुहब्बतें वो पुरानी कहाँ से लाएँ हम
रुकी नदी में रवानी कहाँ से लाएँ हम

हमारी आँख है पैवस्त एक सहरा में
अब ऐसी आँख में पानी कहाँ से लाएँ हम

हर एक लफ़्ज़ के मा'नी तलाशते हो तुम
हर एक लफ़्ज़ का मा'नी कहाँ से लाएँ हम

चलो बता दें ज़माने को अपने बारे में
कि रोज़ झूटी कहानी कहाँ से लाएँ हम

5

तेरे पीछे होगी दुनिया पागल बन
क्या बोला मैंने कुछ समझा? पागल बन

सहरा में भी ढूंढ ले दरिया पागल बन
वरना मर जायेगा प्यासा पागल बन

आधा दाना आधा पागल नईं नईं नईं
उसको पाना है तो पूरा पागल बन

देखें तुझ को लोग तो पागल हो जाएँ
इतना उम्दा इतना आ'ला पागल बन

लोगों से डर लगता है तो घर में बैठ
जिगरा है तो मेरे जैसा पागल बन

दानाई दिखलाने से कुछ हासिल नईं
पागल ख़ाना है ये दुनिया पागल बन

6

कोई मिसाल नहीं है तिरी मिसाल के बाद
मैं बे-ख़याल हुआ हूँ तिरे ख़याल के बाद

बस इक मलाल पे तू ज़िंदगी तमाम न कर
बड़े मलाल मिलेंगे मिरे मलाल के बाद

हर एक ज़ख़्म को अश्कों से धो के चूम लिया
मैं ऐसे ठीक हुआ उसकी देख-भाल के बाद

उलझ के रह गया वो जाल में तबीबों के
मरीज़ घर नहीं लौटा है अस्पताल के बाद

दुआ सलाम से आगे मैं बढ़ नहीं पाता
उसे भी सोचना पड़ता है हाल-चाल के बाद

हमारे बीच में जो है सही नहीं है वो
उसे ये याद भी आया तो चार साल के बाद

हज़ारों ख़्वाब जो आँखों के आसरे थे कभी
यतीम हो गए आँखों के इंतिक़ाल के बाद

7

मरहम के नहीं हैं ये तरफ़-दार नमक के
निकले हैं मिरे ज़ख़्म तलबगार नमक के

आया कोई सैलाब कहानी में अचानक
और घुल गए पानी में वो किरदार नमक के

दोनों ही किनारों पे थी बीमारों की मज्लिस
इस पार थे मीठे के तो उस पार नमक के

उसने ही दिए ज़ख़्म ये गर्दन पे हमारी
फिर उसने ही पहनाए हमें हार नमक के

कहती थी ग़ज़ल मुझको है मरहम की ज़रूरत
और देते रहे सब उसे अशआ'र नमक के

जिस सम्त मिला करती थीं ज़ख़्मों की दवाएँ
सुनते हैं कि अब हैं वहाँ बाज़ार नमक के

8

तेरी निगाह-ए-नाज़ से छूटे हुए दरख़्त
मर जाएँ क्या करें बता सूखे हुए दरख़्त

इक दूसरे की जान के प्यासे हुए हैं अब
इक दूसरे की छाँव से जलते हुए दरख़्त

बैसाखियाँ बनाऊँगा तख़्ती भी नाव भी
ज़ाएअ’ न जाने दूँगा मैं टूटे हुए दरख़्त

हैरत है पेड़ नीम के देने लगे हैं आम
पगला गए हैं आप के चूमे हुए दरख़्त

अब धूप के नगर में बड़े काम के हैं वो
बेकार कह के घर से निकाले हुए दरख़्त

राही से बात करते हैं इंसान की तरह
कितने ज़हीन हैं तिरे बोए हुए दरख़्त

९

देखो मेरे जैसी हालत होती है
सच कहने की जिन को आदत होती है

मैं सहरा की रेत हूँ तू है दरिया की
सब की अपनी अपनी क़िस्मत होती है

उतना ही इस दहर में जी पाता है कोई
जिस के अंदर जितनी वहशत होती है

जिस पल तुझसे दूर हुआ करता हूँ मैं
उस पल तेरी सख़्त ज़रूरत होती है

तेरे जैसे लोग वहीं से आते हैं
जन्नत से आगे जो जन्नत होती है

देखें कितनी बार दुःखी होते हैं हम
देखें कितनी बार मुहब्बत होती है

10

कहीं न ऐसा हो अपना वक़ार खा जाए
खिलाये फूलों को ख़ुद ही बहार खा जाए

हमारे जैसा कहाँ दिल किसी का होगा भला
जो दर्द पाले रखे और क़रार खा जाए

पलट के संग तिरी ओर फेंक सकता हूँ
कि मैं वो क़ैस नहीं हूँ जो मार खा जाए

उसी का दाख़िला इस दश्त में करो अब से
जो सब्र पी सके अपना ग़ुबार खा जाए

बहुत क़रार है थोड़ी सी बे-क़रारी दे
कहीं न ऐसा हो मुझ को क़रार खा जाए

अजब सफ़ीना है ये वक़्त का सफ़ीना भी
जो अपनी गोद में बैठा सवार खा जाए

11

दुनिया में जो मीठे दरिया होते हैं
वो सब उसके जूठे दरिया होते हैं

बाहर से जो बहते दरिया होते हैं
अन्दर से वो प्यासे दरिया होते हैं

रोने वाले तुझ को इतना इल्म भी है
इक आँसू में कितने दरिया होते हैं

बारिश की बूंदों ने हम को समझाया
कुछ क़तरों में कैसे दरिया होते हैं

अपनी आँखें धोता है वो दरिया में
अब समझा क्यों नीले दरिया होते हैं

उसके गाँव से पूछो क़तरे की क़ीमत
जिसके गाँव में सूखे दरिया होते हैं

उसकी आँख से निकले आँसू हैं वो सब
रस्ते से जो भटके दरिया होते हैं

12

काश कि मैं भी होता पत्थर
गर था उनको प्यारा पत्थर

लोगों की तो बात करें क्या
तेरा दिल भी निकला पत्थर

हम दोनों में बनती कैसे
एक था शीशा दूजा पत्थर

शीशा तो कमज़ोर बड़ा था
फिर भी कैसे टूटा पत्थर

सब के हिस्से हीरे मोती
मेरे हिस्से आया पत्थर

पारस था वो तुम ने जाना
सब ने जिसको समझा पत्थर

कल तक फूल थे जिन हाथों में
उन हाथों में आज था पत्थर

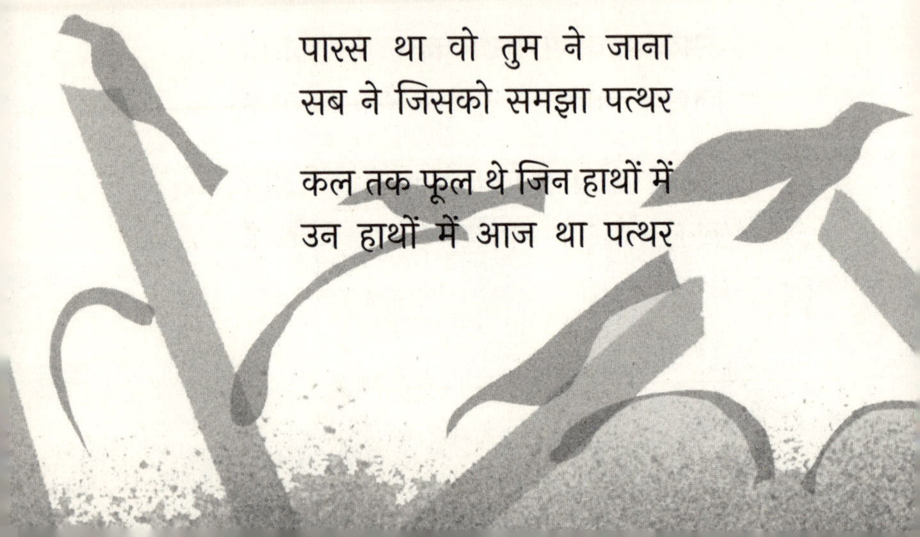

13

इसीलिए तो मुसाफ़िर तू सोगवार नहीं
कि तू ने क़ाफ़िले देखें हैं पर ग़ुबार नहीं

नहीं ये बात नहीं है कि तुझसे प्यार नहीं
मैं क्या करूँ कि मुझे ख़ुद पे ए'तिबार नहीं

लगा हूँ हाथ जो तेरे तो अब सँभाल मुझे
मैं एक बार ही मिलता हूँ बार बार नहीं

मुझे कुरेदने वालों मैं एक सहरा हूँ
कि मुझसे रेत ही निकलेगी आबशार नहीं

ग़मों से रिश्ता बना दोस्ती निभा उनसे
दुःखों को पाल मिरी जान उनको मार नहीं

मिरे क़ुबूल पे उसने क़ुबूल कह तो दिया
पर एक बार कहा उसने तीन बार नहीं

जहाँ तू बिछड़ा वहाँ गीत बज रहा था यही
मिरे नसीब में ऐ दोस्त तेरा प्यार नहीं

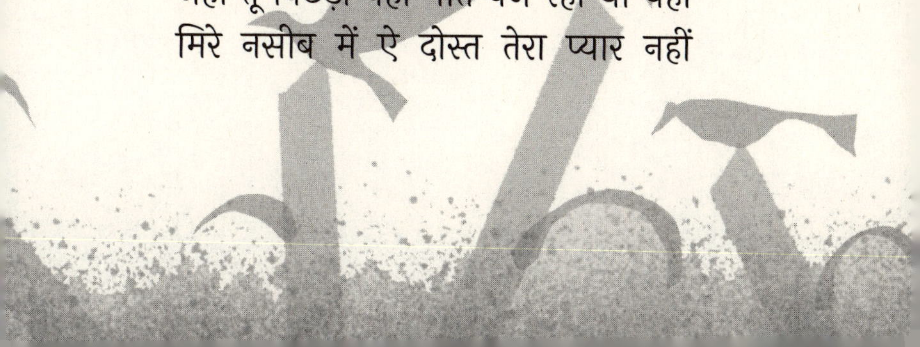

14

सुकूँ से रात बिताते थे मौज करते थे
जब उसके ख़्वाब न आते थे मौज करते थे

फ़ुज़ूल आ गए सहरा से शहर में हम लोग
वहाँ पे ख़ाक उड़ाते थे मौज करते थे

घिरे हुए हैं ज़माने के अब अज़ाबों से
ये लोग नाचते गाते थे मौज करते थे

किसी के रंग में ढलने से हो गए बे-रंग
हम अपने रंग बनाते थे मौज करते थे

अमीर-ए-शहर के पकवान से हुए बीमार
नमक से रोटियाँ खाते थे मौज करते थे

हम उसकी बज़्म में ताख़ीर से गए हर बार
जो लोग वक़्त पे आते थे मौज करते थे

15

अपने बच्चों से पाल पाल के दुःख
हम ने रक्खे तिरे सँभाल के दुःख

एक दिन की ख़ुराक है मेरी
आप के हैं जो पूरे साल के दुःख

मेरी ख़ुशियाँ भी रौंदते हैं सभी
उसके रखते हैं सब सँभाल के दुःख

मैंने मेहनत से सब कमाए हैं
मेरे दुःख हैं सभी हलाल के दुःख

उनको दरकार है समा'अत भी
दिल से देखे कभी निकाल के दुःख

आप के दुःख तो आम ही दुःख हैं
मेरे दुःख हैं सभी कमाल के दुःख

आप इंग्लिश में बात करते हैं
आप क्या जानें मीम दाल के दुःख

16

दिल को प्यारा है बस उस परी का बदन
किसलिए देखें हम हर किसी का बदन

चीज़ थी जो जहाँ की वहीं आ गई
ख़ाक मे मिल गया ख़ाक ही का बदन

फिर चराग़ों की जानें हवाओं ने ली
तीरगी खा गई रौशनी का बदन

धूप का सामना कर न पाएँगे वो
ओढ़ आए हैं जो चाँदनी का बदन

अपनी पहचान फिर से छुपाए हुए
आया है ग़म चढ़ा कर ख़ुशी का बदन

ये समंदर की लहरें क़ज़ा की तरह
रेत का है मकाँ आदमी का बदन

17

इक दीवार पे पानी के कुछ क़तरों की तस्वीरें थीं
और मुक़ाबिल उसके प्यासे लोगों की तस्वीरें थीं

भूके नंगे लोग थे जिनमें मजबूरी के मारे सब
वो तस्वीरें बाज़ारों मे लाखों की तस्वीरें थीं

उसके घर का कोना कोना महका था पर हैरत थी
उसके घर में फूल नहीं थे फूलों की तस्वीरें थीं

मैंने उस कमरे में अब ख़ारों की तस्वीरें रख दीं
जिस कमरे में पहले मेरे यारों की तस्वीरें थीं

अब उसके टेबल पर कोई और ही चेहरा रहता है
जिस टेबल पर पहले बस हम दोनों की तस्वीरें थीं

हरियाली तो इनमें, उसने देखा था तो आयी थी
पहले ये तस्वीरें सूखे पेड़ों की तस्वीरें थीं

18

जहाँ के हैं ये वहीं पर सुपुर्द-ए-ख़ाक करो
ग़मों को दिल के ही अंदर सुपुर्द-ए-ख़ाक करो

हमारी आँखों को दफ़नाना बाद में पहले
हमारी आँखों के मंज़र सुपुर्द-ए-ख़ाक करो

यतीम तारे की इक लाश आसमान पे है
उसे ज़मीन पे ला कर सुपुर्द-ए-ख़ाक करो

हमारे साथ कई लोग दफ़्न होने हैं
सो हमको दुनिया समझ कर सुपुर्द-ए-ख़ाक करो

जो अपनी प्यास लिए मर गये थे सहरा में
अब उनके साथ समंदर सुपुर्द-ए-ख़ाक करो

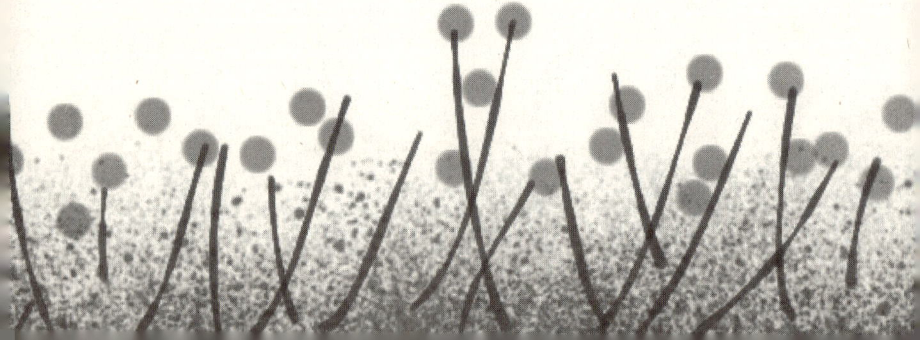

19

अब उसी सम्त ही चला जाए
जिस तरफ़ उसका नक़्शे पा जाए

ज़िन्दगी जीने का मज़ा क्या फिर
ज़िन्दगी गर समझ में आ जाए

दर्द ऐसे लिपटते हैं मुझसे
तू जो देखे तो तिलमिला जाए

हो कोई और गर सिवा तेरे
ऐसी हसरत को मौत आ जाए

अब के रोएँ उसे तो रक़्स करें
हिज्र में कुछ नया किया जाए

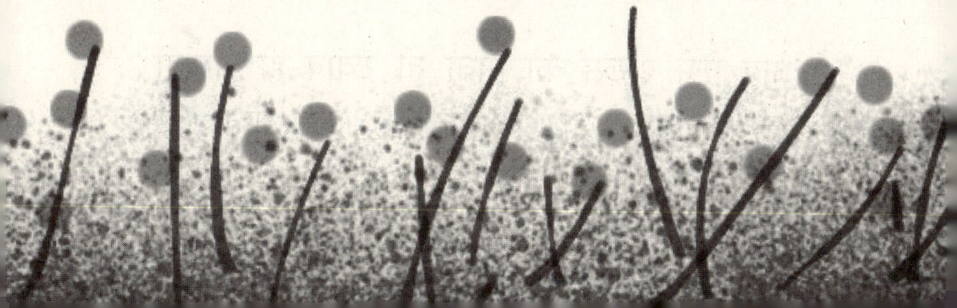

20

ज़रा सी छाँव कमाने में उम्र बीत गई
दरख़्त ख़ुद को बनाने में उम्र बीत गई

फ़ुज़ूल कह दिया उसने हमारी वहशत को
वो फ़न कि जिसको कमाने में उम्र बीत गई

वो एक रब्त जो तुझसे हमारा था ही नहीं
वो एक रब्त बचाने में उम्र बीत गई

ज़रूरी काम कोई वक़्त पे किया ही नहीं
बस अपनी मौज उड़ाने में उम्र बीत गई

बस एक बार लिखा दिल पे यूँ ही उसका नाम
फिर उसको दिल से मिटाने में उम्र बीत गई

चले तो आए जुनूँ करते हुए, दश्त में लोग
पर उनकी लौट के जाने में उम्र बीत गई

नदी से इश्क़ था मल्लाह को प कह न सका
और उसकी नाव चलाने में उम्र बीत गई

अब ऐसे शख़्स को पाना तो ख़्वाब ही समझो
कि जिसको हाथ लगाने में उम्र बीत गई

21

ढील ज़रा क्या दी उसने हम प्यासों पर
हमने डेरे डाल लिए तालाबों पर

नाज़ न होगा फिर तुझको शहज़ादों पर
शहज़ादी, बस एक नज़र हम प्यादों पर

इतना ऊँचा उड़ना भी कुछ ठीक नहीं
पाबंदी लग जाती है परवाज़ों पर

उसने अपनी आँखें खो दीं, तो दुःख में
काली पट्टी बाँध ली सबने आँखों पर

तुझको छू कर और किसी की चाह रखें
हैरत है और ला'नत ऐसे हाथों पर

एक दवा का बोझ नहीं उठता है और
जिस्म का बोझ अलग है हम बीमारों पर

रस्सी पर चलना तो कब का छोड़ दिया
अब हम चलना सीख रहे हैं धागों पर

22

नाचना भी नहीं गाना भी नहीं आता था
यार रूठे तो मनाना भी नहीं आता था

आग से ख़ुद को बचाना था हमें, घर को भी
और हमें शोर मचाना भी नहीं आता था

उसको भी हाथ छुड़ाने की थी आदत मुझसे
मुझ को आवाज़ लगाना भी नहीं आता था

पेड़ के जिस्म पे मैं चेहरा बनाता था तिरा
मुझ को कुछ और बनाना भी नहीं आता था

इश्क़ कर बैठा था मैं शहर की उस लड़की से
वो जिसे चूल्हा जलाना भी नहीं आता था

दश्त में आके भी झगड़े ही किए औरों से
चैन से वक़्त बिताना भी नहीं आता था

23

दुनिया में और वक़्त बिताने का मन नहीं
लेकिन ख़ुदा के पास भी जाने का मन नहीं

मजबूर हो के उससे गले मिल रहे हैं हम
वो जिससे हमको हाथ मिलाने का मन नहीं

बैठे हैं और ख़ाक हुए जा रहे हैं हम
फिर भी तिरे दयार से जाने का मन नहीं

मन कह रहा है आज हक़ीक़त करें बयाँ
लेकिन तिरे ख़िलाफ़ भी जाने का मन नहीं

कर सकता हूँ मैं बंद भी कश्ती का वो सुराख़
पर आज अपनी जान बचाने का मन नहीं

इक रोग है जो तुझको बताना नहीं कभी
इक ज़ख़्म है जो तुझको दिखाने का मन नहीं

24

अच्छी दुनिया? बेहतर दुनिया? सब कहने की बातें हैं
कहने की बातें हैं बाबा सब कहने की बातें हैं

अब सब दश्त में आबो दाना लेकर वहशत करते हैं
कोई नहीं है भूका प्यासा सब कहने की बातें हैं

अपने-अपने हिस्से के दुःख ख़ुद ही रोने पड़ते हैं
कौन किसी के साथ है रोता सब कहने की बातें हैं

ऐसा है वो वैसा है वो तस्वीरें भी बनवा दीं
सच में उसको किसने देखा सब कहने की बातें हैं

तर्क-ए-तअल्लुक़ कर लेने से सब अच्छा हो जाता है
कर के देखा तो मैं समझा सब कहने की बातें हैं

सुनते हैं हम मर जाने पर चैन भी है और जन्नत भी
मर कर देखो मिलता है या सब कहने की बातें हैं

25

इतनी अज़ीयतें न ले ख़ुद पर मिरे अज़ीज़
है वक़्त अब भी लौट जा तू घर, मिरे अज़ीज़

तू हँस रहा है दुःख पे मिरे हँस मगर ये सुन
आना है ऐसा वक़्त तो सब पर मिरे अज़ीज़

तस्वीर मैंने डाल दी चूल्हे में कल तिरी
डिलीट तेरा कर दिया नम्बर मिरे अज़ीज़

मिलता नहीं किसी को सही रास्ते से मैं
तुम मुझसे मिल सकोगे भटक कर मिरे अज़ीज़

मैं तुझ पे फूल फैंक के नादिम करूँ तुझे
तू फैंक मुझ पे शौक़ से पत्थर मिरे अज़ीज़

रिश्ता नहीं वो काँच का बरतन था ये समझ
और काँच कब जुड़ा है चटक कर मिरे अज़ीज़

26

तबीब करते हैं दावा बचा लिया मुझको
मगर दवाओं ने अंदर से खा लिया मुझको

हज़ार हीरों में मैं एक संग था तन्हा
अजीब शख़्स था जिसने उठा लिया मुझको

समझ गया था मैं दुनिया के भेद को इक दिन
फिर उसके बा'द ख़ुदा ने बुला लिया मुझको

मैं ऐसा नग़्मा था जिसकी नहीं थी तर्ज़ कोई
उसी का हो गया मैं जिसने गा लिया मुझको

यही है ठीक कि मैं उसकी जुस्तुजू ही रहूँ
मलाल होगा अगर उसने पा लिया मुझको

मैं टूटा फूल था उसने उठाई लाश मिरी
और अपनी ज़ुल्फ़ की ज़ीनत बना लिया मुझको

27

बदन से रूह का हिस्सा निकाल सकते हो?
तुम इक दरख़्त से साया निकाल सकते हो?

हमारे बीच में दुनिया है दाएँ-बाएँ हम
हमारे बीच से दुनिया निकाल सकते हो?

तुम्हारे पाँव का काँटा तो हम निकालेंगे
हमारी आँख से तिनका निकाल सकते हो?

हमारे वास्ते जो एक दिन का क़िस्सा है
तुम उन दवाओं से हफ़्ता निकाल सकते हो

हम आफ़ताब हैं लेकिन बुझे हुए हैं अब
तुम अपनी आँख से चश्मा निकाल सकते हो

किसी जबीं की मुझे रौनक़ें बढ़ानी हैं
फ़लक से एक सितारा निकाल सकते हो?

28

हज़ारों ऐब लगाए हैं ख़ुद को तेरे लिए
कभी तू आ के कहे छोड़ दो ना मेरे लिए

पलट के आ गए मायूस सब अँधेरे लिए
तिरी तलाश में निकले थे जो सवेरे लिए

सजी सजाई ख़ुशी उठ गई जो मंडप से
तो हमने एक उदासी के संग फेरे लिए

किसी की आँख का काजल नहीं बना हूँ कभी
किसी की सँवरी नहीं ज़ुल्फ़ वुल्फ मेरे लिए

अजब है तुझसे बस इक तुझसे लड़ नहीं सकता
लड़ी है जिसने ज़माने से जंग तेरे लिए

दिल आ गया है किसी दिल फ़रेब नागिन पर
भटकते फिर रहे हैं दश्त में सपेरे लिए

29

खिले तो दिखते हैं लेकिन मलूल हैं हम भी
अजीब क़िस्म की मिट्टी के फूल हैं हम भी

ज़माने भर के मसाइब क़ुबूलने वाले
कभी तो बोल दे तुझको क़ुबूल हैं हम भी

तो हमको झाड़ के फटकार के उड़ा दे ना
तिरे नसीब पे बैठी जो धूल हैं हम भी

ज़माने के लिए कितने भी ख़ास हों लेकिन
उसे पसंद नहीं तो फ़ुज़ूल हैं हम भी

जिसे निभाया नहीं सिर्फ़ तोड़ा जाता है
ज़माने के लिए ऐसे उसूल हैं हम भी

30

तबीअतों में ज़रा सा सुधार आने तक
हमारे पास ही बैठो क़रार आने तक

ख़िज़ाँ में काग़ज़ों के फूल बेचने वालों
मज़े तुम्हारे हैं लेकिन बहार आने तक

मुझे गिराने की तरकीब सोचते हैं अब
जो ज़ेरे साया थे मुझ में दरार आने तक

जनाब आपकी गर्दन झुकी सी रहती थी
गले में आपके फूलों के हार आने तक

गुलों से काम चलाती थीं तितलियाँ सारी
हमारे जख़्मों पे रंग ओ निखार आने तक

घड़ी जुदाई की आ जाती है अचानक ही
तू मेरे पास है ये एतबार आने तक

31

धुएँ में मर गये ताज़ा हवा से दूर रहे
हम अपने गाँव की ख़ालिस फ़ज़ा से दूर रहे

हमीं हैं वो कि जो ख़ौफ़े ख़ुदा से दूर रहे
ग़लत का साथ दिया और रवा से दूर रहे

शिफ़ा न मिल सकी हमको तमाम उम्र कि हम
दवाएँ लेते रहे और दुआ से दूर रहे

चराग़ से कहो सूरज से दोस्ती न रखे
बस अपना काम करे और हवा से दूर रहे

वफ़ा की लत तो हमें है सो हमको करने दो
वो बेवफ़ा ही सही है वफ़ा से दूर रहे

क़रीबे मर्ग उन्हें याद आ गया है ख़ुदा
तमाम उम्र जो अपने ख़ुदा से दूर रहे

32

तुझसे मिलने की जहाँ चाह निकल आएगी
बंदिशों में भी कोई राह निकल आएगी

दर्द पर अपने ठहाका ही लगा सकता हूँ
चैन मिलने से मेरी आह निकल आएगी

हम फ़क़ीरों का सुख़न चाहे फ़क़ीराना सही
फ़िक्र अपनी भी कोई शाह निकल आएगी

बदगुमानी न रखो चुप न रहो बात करो
बात करने से कोई राह निकल आएगी

तेरी बातों से कोई अम्न तो आने से रहा
हाँ मगर शहर में अफ़वाह निकल आएगी

33

आधा मोमिन आधा काफ़िर छोड़ दिया
इक देवी ने दिल का मंदिर छोड़ दिया

प्यार मिरी कमज़ोरी थी और उसने मुझे
जी भर कर कमज़ोर किया फिर छोड़ दिया

ऐन वक़्त पर रेल की पटरी बदल गई
मौत ने अपना एक मुसाफ़िर छोड़ दिया

मैंने छोड़ा था सबको जिसकी ख़ातिर
उसने मुझको सब की ख़ातिर छोड़ दिया

उसके फ़साने का मैं हर्फ़-ए-आख़िर था
और उसने वो हर्फ़-ए-आख़िर छोड़ दिया

34

भली बुरी हर बात, समझ लेता हूँ मैं
इतना तो हज़रात, समझ लेता हूँ मैं

कमरे की हर चीज़ के दुःख से वाक़िफ़ हूँ
दीवारों की बात समझ लेता हूँ मैं

यही सबब है मेरे तन्हा होने का
सबको अपने साथ समझ लेता हूँ मैं

रहता है सुक़रात कोई मेरे अंदर
ज़हर को भी सौग़ात समझ लेता हूँ मैं

मेरे एहसासात समझ लेते हैं पेड़
पेड़ों के जज़्बात समझ लेता हूँ मैं

उसको उदासी उसके हँसने रोने से
मौसम के हालात समझ लेता हूँ मैं

मुर्दे दूल्हे जैसै लगते हैं मुझको
मय्यत को बारात समझ लेता हूँ मैं

35

भूलों पर फिर भूलें करना भूल नहीं हुश्यारी है
रोज़ किसी पर दिल आ जाना इश्क़ नहीं बीमारी है

हर दिन खींचा-तानी है बस हर पल मारा-मारी है
जीने में कुछ ठीक नहीं है फिर भी जीना जारी है

इस दुनिया ने मेरा सब कुछ तुम से जोड़ के देखा है
शे'र भी वो मक़बूल हुए हैं जिन में बात तुम्हारी है

हाए बड़ा अफ़सोस है मुझ को तू भी दुनिया जैसा है
और जो मुझसे रब्त है तेरा, वो भी दुनियादारी है?

हर शय का आग़ाज़ यहाँ अंजाम की ख़ातिर होता है
दुनिया में आने का मतलब जाने की तय्यारी है

मेरा शोर शराबा है और उसकी एक सदा है बस
मेरी सब ग़ज़लों पर उसका इक मिसरा ही भारी है

36

उसका मेरा वाक़या था पर वो समझा ही नहीं
मैं उसे समझा रहा था पर वो समझा ही नहीं

उसकी ख़्वाहिश थी कि जंगल में बसर हो ज़िन्दगी
फिर मैं जंगल हो गया था पर वो समझा ही नहीं

इक ग़ज़ल में एक मिसरा था जो उसकी नज़्र था
मैं उसे दोहरा रहा था पर वो समझा ही नहीं

रेल में उसको बिठाया और मैं बाहर आ गया
हँसते-हँसते रो पड़ा था पर वो समझा ही नहीं

वो जो मेरा रोग था बस उसी का सोग था
मैं जो मरता जा रहा था पर वो समझा ही नहीं

एक रस्ता छोड़ कर दूजे पे आना था उसे
और मैं दूजा रास्ता था पर वो समझा ही नहीं

37

भरी है आँख नींद से प ख़्वाब चाहिए हमें
सवाल ही सवाल हैं जवाब चाहिए हमें

अजी ये ख़ार किसलिए गुलाब चाहिए हमें
हुज़ूरे वाला बम नहीं किताब चाहिए हमें

हमारा ख़ून क्या हुआ हमारे सर कहाँ गए
हिसाब माँगते हैं हम हिसाब चाहिए हमें

ये अच्छे दिन तो जान ही हमारी ले के जाएँगे
ख़राब दिन ही ठीक थे ख़राब चाहिए हमें

ये कल को तेरा ख़ून भी पिएँगे बात मान ले
जो कह रहें हैं आज बस शराब चाहिए हमें

बुरे हैं पर भलाई का ख़िताब माँगते हैं वो
गुनाह कर के कहते हैं सवाब चाहिए हमें

38

जैसी मैंने चाही थी ना वैसी इनमें खन-खन नईं
जितने प्यारे हाथ हैं तेरे उतने प्यारे कंगन नईं

जो कहना है दुनिया वालों मुझसे कहो तन्क़ीद करो
मेरी पगड़ी मैली कर लो लेकिन उसका दामन नईं

हमको उससे जो भी मिला तस्लीम किया और शुक्र किया
अपने लुक़्मे छोड़ दिए हैं लेकिन उसकी जूठन नईं

तेरी जानिब चलना छोड़ा तेरे ख़्वाब नहीं छोड़े
पैरों में सूजन आई है पर आँखों में सूजन नईं

हम ने सारी दुनिया देखी और ये देख के जाना है
जितना उम्दा शहर है उसका उतना पैरिस लंदन नईं

ग़ज़लें मुझसे सुनते हैं पर दाद तुझे देते हैं लोग
राधे-राधे सब कहते हैं लेकिन मोहन मोहन नईं

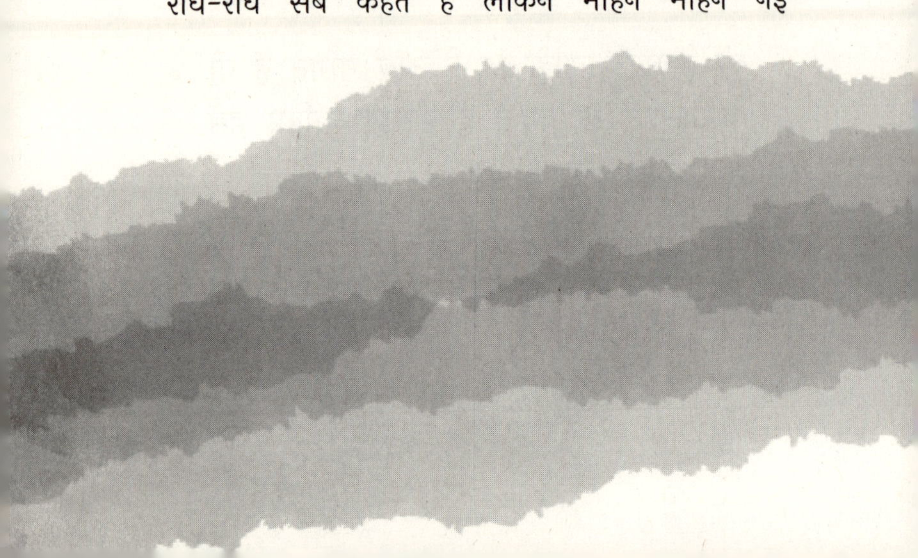

39

सारे रिश्ते ही दम तोड़ दें आज़माने से क्या फ़ाएदा
बद-गुमानी की आतिश मे यूँ घर जलाने से क्या फ़ाएदा

जब ख़ुशी ही नहीं है कोई, मुस्कुराने से क्या फ़ाएदा
साज़ रूठे हुए हैं सभी गीत गाने से क्या फ़ाएदा

अपना कहते तो हो तुम मुझे अपना लेकिन बनाते नहीं
ख़्वाब पूरा तो करते नहीं फिर दिखाने से क्या फ़ाएदा

एक तू जो नहीं साथ तो देख कितना अकेला हूँ मैं
मिल गया है ज़माना मुझे पर ज़माने से क्या फ़ाएदा

रौशनी की किसी को भी जब इस जहाँ मे ज़रूरत नहीं
जुगनुओं की तरह रात भर जगमगाने से क्या फ़ाएदा

40

ज़िंदा रहते रहते जी उकताना भी
अच्छा लगता है इक दिन मर जाना भी

मुझको छोड़ के जाते हो तो जाओ पर
पछताओ तो वापिस लौट के आना भी

लोग तो मुझको वहशी वहशी कहते हैं
तुम पागल कह सकती हो दीवाना भी

उसको खोया तब मुझको एहसास हुआ
कितना मुश्किल होता है कुछ पाना भी

जिस्मों को तन्हा कर जाता है इक दिन
गहरे गहरे ज़ख़्मों का भर जाना भी

देखो किसके हिस्से कितनी आती है
बोतल भी उसकी है और पैमाना भी

इक दिन बहरा कर के छोड़ेगा मुझको
ख़ामोशी का इतना शोर मचाना भी

बाहर से भी देख मिरे अंदर भी झाँक
घर भी देख तू और घर का तेहख़ाना भी

41

वो क्या सुख़न है, कि जिस्मों का दुःख समझ आए
कहो कुछ ऐसा कि रूहों का दुःख समझ आए

शदीद धूप में इक रोज़ ख़ुद जलो साहब
तुम्हें भी सूखते पेड़ों का दुःख समझ आए

मैं चाहता हूँ कोई तीसरा भी हो हम में
कि जिसको ठीक से दोनों का दुःख समझ आए

फिर एक रोज़ हमें क़ैद कर दिया उसने
वो इसलिए कि परिंदों का दुःख समझ आए

वो क्या ख़ुदा जो फ़रिश्तों का दुःख समझता हो
ख़ुदा वही जिसे बंदों का दुःख समझ आए

पहन के देख किसी रोज़ बाप के जूते
तो तुझको बाप के पैरों का दुःख समझ आए

छड़ी ली हाथ में आँखों पे बाँध ली पट्टी
मैं चाहता था कि अंधों का दुःख समझ आए

42

तिरे चेहरे की रौनक़ खा रहा है
ये किसका ग़म तुझे तड़पा रहा है

हमारा सब्र तो पूरा रहा था
हमारा फल मगर फीका रहा है

मैं उसका सातवाँ हूँ इश्क़ तो क्या
वो मेरा कौन सा पहला रहा है

तिरा दुःख है तो क्या हैं रोज़ के दुःख
नये पौदों को बरगद खा रहा है

बिछड़ने में मज़ा भी था सज़ा भी
मैं अब ख़ुश हूँ तो वो पछता रहा है

हमारे दरम्याँ उलफ़त नहीं थी
हमारे बीच समझौता रहा है

अजाइब-घर में रक्खी जाएँगी सब
वो जिस-जिस चीज़ को छूता रहा है

खड़ी है शाम फिर बाहें पसारे
कोई भूला सहर का आ रहा है

43

रेत, सहरा, नक़्शे पा, आगे सुनो
छोड़ो ये सब हो चुका, आगे सुनो

ये तो बस मतला ही था, आगे सुनो
आगे आएगा मज़ा, आगे सुनो

उसने ख़त में जान लिक्खा है तुम्हें
फिर लिखा है बे-वफ़ा, आगे सुनो

मैंने बोला झूट मत बोलो जनाब
उसने झल्ला कर कहा, आगे सुनो

आँख लग जाती थी जिस पल में मिरी
वो उसी पल बोलता, आगे सुनो

अर्ज़ थी मेरी कि फिर दोहराइए
और उसका हुक्म था, आगे सुनो

ज़िक्र तेरा रात भर चलता रहा
रात भर कहता रहा, आगे सुनो

44

धीमे धीमे कहता क्या है शोर मचा
ये हाकिम ऊँचा सुनता है शोर मचा

गूंगों में रह कर गूंगा हो जाएगा
तू तो शोर मचा सकता है शोर मचा

ख़ामोशी बद-शगुनी लेकर आती है
शोर बड़ा अच्छा होता है शोर मचा

बोल नहीं सकते हैं जो सब मुर्दे हैं
तू बतला दे तू ज़िंदा है शोर मचा

ज़ेहन तो बोलेगा चुप रहना बेहतर है
तू वो कर जो दिल कहता है शोर मचा

दस्तक से जब हक़ का दरवाज़ा न खुले
शोर मचाने से खुलता है शोर मचा

45

गलियों में खेल-कूद खिलौनों का काम ख़त्म
उस पर शबाब आते ही झूलों का काम ख़त्म

अब उसकी याद आई है जी लग नहीं रहा
घंटों में कर रहा हूँ मैं लम्हों का काम ख़त्म

कल उसके होंट देख के तितली ने ये कहा
बस हो गया जहान से फूलों का काम ख़त्म

कह-कह के उस पे शे'र मिरा नाम हो गया
वरना तो होने वाला था ग़ज़लों का काम ख़त्म

इक रोज़ उसको उड़ते परिंदों ने ख़ुश किया
और उसके बा'द हो गया पिंजरों का काम ख़त्म

जो उसको आज देख के लौटे हैं अपने घर
वो कह रहे हैं हो गया आँखों का काम ख़त्म

पहले तो दोनों काम में मसरूफ़ थे बहुत
फिर इश्क़ ने ही कर दिया दोनों का काम ख़त्म

46

ऐसी मुझसे हैं यारियाँ उसकी
मौजें मेरी हैं कश्तियाँ उसकी

यूँ चमकती हैं जैसे तारे दो
हाए कानों में बालियाँ उसकी

उसका सब कुछ अज़ीज़ है हमको
तालियाँ हों या गालियाँ उसकी

आधा-आधा चमन हमारा है
फूल मेरे हैं डालियाँ उसकी

वक़्त-ए-रुख़सत भुला नहीं पाते
याद आती हैं सिसकियाँ उसकी

कितनी लम्बी जुदाई है 'आनन्द'
मार डाले न दूरियाँ उसकी

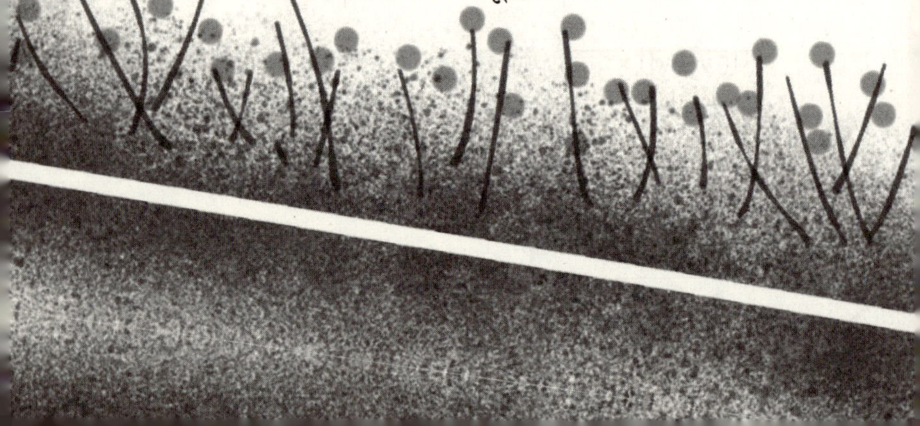

47

वक़्त के मारे सभी मेरी तरह दिखते हैं
हौसला हारे सभी मेरी तरह दिखते हैं

वो फ़रिश्तों की तरह दिखते हैं जो उसके अज़ीज़
उसके दुत्कारे सभी मेरी तरह दिखते हैं

उसको देखे से पता चलता है महलों का है वो
और बंजारे सभी मेरी तरह दिखते हैं

तेरी ख़्वाहिश थी के देखें नहीं बेचारे कभी
देख बेचारे सभी मेरी तरह दिखते हैं

तुम किसी और की तस्वीर लिए घूमते हो
यहाँ दुखियारे सभी मेरी तरह दिखते हैं

जी में आता है इन्हें जड़ दूँ फ़लक पर फिर से
टूटते तारे सभी मेरी तरह दिखते हैं

दूर से देख मुझे चीखने लगते हैं ये पेड़
क्या लकड़हारे सभी मेरी तरह दिखते हैं

48

हर राज़ खोल देता हूँ लोगों के सामने
कपड़े बदलता रहता हूँ गैरों के सामने

हम ही ये चाहते हैं नई नस्ल में हो प्यार
और हम ही लड़ते रहते हैं बच्चों के सामने

आँखों के सामने मेरे सब अपने मर गए
आँखों के सामने मियाँ आँखों के सामने

कुछ ऐसे अक़्ल वाले मुसव्विर भी हैं यहाँ
रंगों की बात करते हैं अंधों के सामने

उगते ही इनसे माँगते हैं फल भी छाँव भी
हम कैसे पेश आते हैं पौदों के सामने

वो मेरी आरज़ू है, मगर उसकी कोई और
है एक सा ही मसअला दोनों के सामने

49

राह कितनी भी हो हमवार नहीं चल सकते
हम तुझे छोड़ के ऐ यार नहीं चल सकते

हाँ तेरे काम तो आयेंगे मगर रोज़ नहीं
हम फटे नोट हैं हर बार नहीं चल सकते

हम वो आवाज़ें हैं जो खींचती हैं गाहक को
हम नहीं हों तो ये बाज़ार नहीं चल सकते

उस हसीना की भी इक आध ख़बर हो तो चलें
फ़ालतू ख़बरों से अख़बार नहीं चल सकते

एक दिन के लिए हम छोड़ दें दरबानी अगर
बादशाहों के ये दरबार नहीं चल सकते

उसके कहने से सभी पेड़ चले साथ उसके
मुझको लगता था ये लाचार नहीं चल सकते

शायरी आपकी चल सकती है घर-घर में मगर
इसके चल जाने से घर-बार नहीं चल सकते

50

लोगों को उसका नाम बताने से रह गया
इक लफ्ज़ था जो शे'र में आने से रह गया

इस बार वो हुआ है जो सोचा न था कभी
मैं फिर से उसको छोड़ के जाने से रह गया

मैं भी नसें कलाई की बस काटने को था
और वो भी खुद को आग लगाने से रह गया

इस बार भी उसी की सुनी उसकी मान ली
इस बार भी मैं अपनी सुनाने से रह गया

वो जा रहा था और मैं ख़ामोश ही रहा
आवाज़ थी लगानी लगाने से रह गया

पहले तो मेरी सोच गिरी फिर मैं गिर पड़ा
ऐसा गिरा कि ख़ुद को उठाने में रह गया

तुझसे गले मिला जो वो सोया न रात भर
और वो जो तुझसे हाथ मिलाने से रह गया

51

तेरी याद की सेज सजाई जब तक नींद नहीं आई
साथ जगे मैं और तन्हाई जब तक नींद नहीं आई

जीवन भर के सारे उधड़े रिश्ते लेकर बैठ गये
और फिर सब पर की तुरपाई जब तक नींद नहीं आई

नींद आई तो इक दूजे से लिपट के सोये वो और मैं
लेकिन जमकर हुई लड़ाई जब तक नींद नहीं आई

इक नंबर जो बरसों से इस दुनिया में मौजूद नहीं
कल फिर उस पर कॉल मिलाई जब तक नींद नहीं आई

कल फिर दिल ने हमको कोसा रुह ने गंदी गाली दी
फिर की ख़ुद से हाथा-पाई जब तक नींद नहीं आई

52

तेरा चेहरा ज़रा भी ज़र्द नही
क्या जुदाई का तुझको दर्द नहीं

तुझसे अच्छी नहीं कोई औरत
मेरे जैसा ख़राब मर्द नहीं

ज़ख़्म को मौत पड़ गई है क्या
एक अरसे से कोई दर्द नहीं

घर की चीज़ों की सब रसीदें हैं
ज़िन्दगानी की कोई फ़र्द नहीं

शौक़ है जंगलों में रहने का
ख़ान-दानी हूँ दश्त-गर्द नहीं

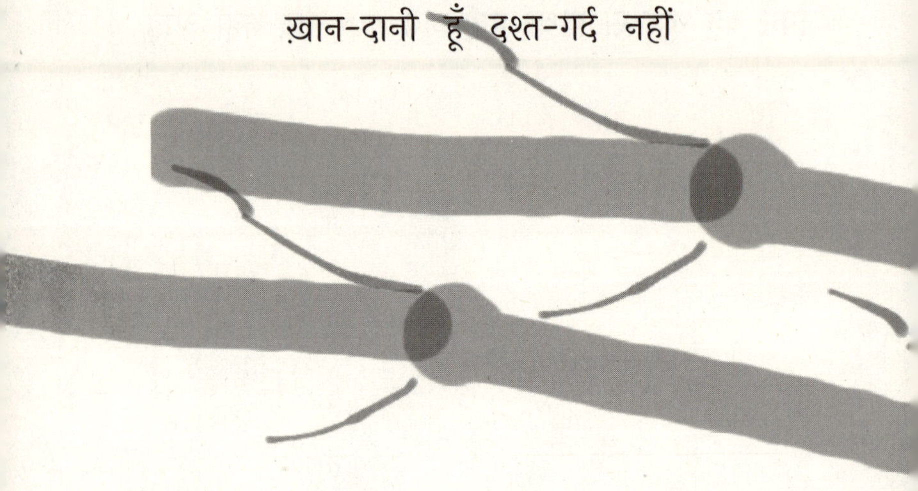

53

रब्त है मुझसे तिरा तो रब्त का उनवान बोल
या मुझे अंजान कह दे या फिर अपनी जान बोल

मैं अँगूठी बेच कर ले आया तेरी बालियाँ
सूने-सूने देखता कब तक मैं तेरे कान बोल

ये मुलायम हाथ मेरे काम कब आएँगे जाँ?
कब बिछेगा इनसे मेरे घर में दस्तर-ख़्वान बोल?

कब मिलेगी सुब्ह तुझसे चाय की प्याली मुझे?
कब तेरे हाथों का खाऊँगा कोई पकवान बोल?

कब तिरे वालिद मिरे वालिद से मिलने आएँगे?
कब तिरी अम्मी को बोलूँगा मैं अम्मीजान बोल?

पूछते हैं सब तिरा मैं कौन हूँ क्या नाम है
बोलने का वक़्त है अब, बोल मेरी जान बोल?

54

हाँ, मददगार की ज़रूरत है
छत हूँ, दीवार की ज़रूरत है

तुम तो लफ़्ज़ों से मार देते हो
तुमको हथियार की ज़रूरत है?

आपकी नफ़रतें बताती हैं
आपको प्यार की ज़रूरत है

एक बिस्तर का इश्तिहार पढ़ा
एक बीमार की ज़रूरत है

जीत ने अंधा कर दिया है तुझे
तुझको इक हार की ज़रूरत है

अब दवाओं से कुछ नहीं होगा
अब चमत्कार की ज़रूरत है

मैं भी इक बार था ज़रूरी उसे
तू भी इक बार की ज़रूरत है

इश्क़ तो एक से ही होता है
तुझको दो चार की ज़रूरत है?

55

मतलब पे हमें अपना बनाने का तरीक़ा
अपना लिया उसने भी ज़माने का तरीक़ा

इस पार उतरते ही जला दी थी वो कश्ती
अब ढूँढते हैं लौट के जाने का तरीक़ा

जो जल रहे हों उन पे फ़क़त ख़ाक उडेलो
पानी ही नहीं आग बुझाने का तरीक़ा

वो लोग जो उस्ताद मुहब्बत के बने हैं
वो लोग बताएँ उसे पाने का तरीक़ा

सुनते ही उसे छत पे चले आते हैं पंछी
ये होता है आवाज़ लगाने का तरीक़ा

तावीज़ कोई बांधे कोई मुझ पे करे दम
होगा कोई तो उसको भुलाने का तरीक़ा

56

ग़मों को लगती है ज़ख़्मों को भूक लगती है
ये मेरे बच्चे हैं बच्चों को भूक लगती है

मैं जैसे देखता हूँ तुझको, तू भी देखता है?
मेरी तरह तिरी आँखों को भूक लगती है?

खुराक़ इनकी समय है सो देते रहियेगा
ख़याल रखियेगा रिश्तों को भूक लगती है

सफ़र पे जाने से पैरों का पेट भरता है
सुकूँ से बैठूँ तो पैरों को भूक लगती है

सुनानी पड़ती है हर दिन इन्हें तिरी आवाज़
यक़ीन कर मिरे कानों को भूक लगती है

57

हमारी चीज़ों को तेरा मेरा बता रहे हो, तो जा रहे हो?
नहीं सुना था कभी जो वो भी सुना रहे हो, तो जा रहे हो?

ये मेरे कपड़ों से अपने कपड़े अलग हटा कर मुझे बता कर
हर एक टेबल से अपनी फोटो उठा रहे हो, तो जा रहे हो ?

मिरे मनाने पे मान जाना वो मुस्कुराना गले लगाना
पर आज ग़ुस्से में सारी बातें भुला रहे हो, तो जा रहे हो?

मिरे सवालों से डर रहे हो ये जल्द-बाज़ी जो कर रहे हो
ज़रूर तुम भी किसी की बातों में आ रहे हो, तो जा रहे हो

उदास हो कर कभी या हँस कर गले लगाते थे मुझको कस कर
पर अब तो मुझसे नज़र भी अपनी चुरा रहे हो, तो जा रहे हो?

थे कल तलक आपकी मुहब्बत जिसे बताते हो अब मुसीबत
इसी मुसीबत से अपना पीछा छुड़ा रहे हो, तो जा रहे हो?

58

लेना देना क्या फिर ऐसे यारों से
सुख दुःख भी जब बाँटने हों दीवारों से

जिस्म के हर इक रोग से वाक़िफ हूँ मैं अब
इतना मिलना जुलना है बीमारों से

तोहफ़े में इक फूल नहीं भेजा था जिसे
अब उसकी मय्यत भर दी है हारों से

जाने क्या लेने निकला था मैं घर से
जाने क्या ले आया हूँ बाज़ारों से

दुश्मन की हर चाल का अंदाज़ा है मुझे
डर लगता है लेकिन रिश्तेदारों से

पैदल चलना होगा मेरे साथ तुम्हें
बाहर आना होगा महँगी कारों से

लहजा मीठा था पर बातें कड़वीं थीं
कीड़े निकले उसके शक्कर-पारों से

59

कहती है तो कह ले दुनिया मुजरिम हूँ
वो बोले तो मानूँ जिसका मुजरिम हूँ

उसके सामने सबने कहा निर्दोष हैं हम
और मैं हाथ उठा कर बोला मुजरिम हूँ

मैंने उसकी क़समें ले कर तोड़ी हैं
मैं दुनिया का सब से आ'ला मुजरिम हूँ

देख रहे हैं लोग मुझे यूँ हैरत से
जैसे मैं दुनिया का पहला मुजरिम हूँ

रोज़ मुझे पेशी को जाना पड़ता है
मैं मुन्सिफ़ का सब से प्यारा मुजरिम हूँ

हम दोनों ने मर्ज़ी से घर छोड़े हैं
जितनी वो है मैं भी उतना मुजरिम हूँ

अपने जुर्म गिनाता फिरता हूँ सबको
तुम भी सोचोगे मैं कैसा मुजरिम हूँ

60

प्रेम जब है ही नहीं तो भावनाएँ किस लिए
जब कोई मंज़िल नहीं फिर यात्राएँ किस लिए

ईश्वर जब है तो फिर ये वेदनाएँ किस लिए
और जब है ही नहीं तो प्रार्थनाएँ किस लिए

मर रहे हैं ज़िन्दगी की अब दुआएँ किस लिए
रोग में जी लग गया है अब दवाएँ किस लिए

तुम में हम में जो भी था सब आत्मिक ही था सदा
फिर भी प्यासी रह गईं हैं आत्माएँ किस लिए

नैनों का हम क्या करें जब आपके दर्शन न हों
कामिनी ही जब न हो तो कामनाएँ किस लिए

उसकी मर्ज़ी से ही जब होना है सब संसार में
रात दिन सब गढ़ रहे हैं योजनाएँ किस लिए

आपका तो ध्यान है संसार में व्यापार में
आप सन्यासी हैं तो ये वासनाएँ किस लिए

61

ज़िन्दगी के लिए इक आध सहूलत ही मिले
ज़र ज़मीनें न सही थोड़ी मुहब्बत ही मिले

तू मुसीबत में मिरे साथ बहुत रहता है
चाहता हूँ कि मुझे रोज़ मुसीबत ही मिले

ज़िन्दगी इस लिए ख़ुश रह के गुज़ारा तुझ को
काश तुझसे कभी मरने की इजाज़त ही मिले

तेरी आवाज़ तेरी दीद मयस्सर हो मुझे
तू नहीं गर तो तेरी छत से मिरी छत ही मिले

तुम मुहब्बत की बड़ी आस लगा बैठे हो
लोग ख़ुश होते हैं गर उससे शिकायत ही मिले

इसलिए देखते रहते हैं हर इक सूरत को
तेरी सूरत सी कोई दूसरी सूरत ही मिले

62

तेरा हूँ सबको बता दे बाक़ी मुझ पर छोड़ दे
हाँ मेरी हाँ में मिला दे बाक़ी मुझ पर छोड़ दे

मुश्किलों की फ़िक्र मत कर सब दुःखों को भूल जा
बस ज़रा सा मुसकुरा दे बाक़ी मुझ पर छोड़ दे

मैं हवा का रुख़ बदल दूँ या करूँ उसको मैं क़ैद
तू चराग़ों को जला दे बाक़ी मुझ पर छोड़ दे

जंग को हथियार है बस हौसले की है कमी
तू मुझे बस हौसला दे बाक़ी मुझ पर छोड़ दे

किस तरह कैसे कहाँ से होंगी पूरी ये न सोच
ख़्वाहिशें अपनी बता दे बाक़ी मुझ पर छोड़ दे

63

जलवे तुझे दिखाएँगे बस इंतिज़ार कर
हम कौन हैं बताएँगे बस इंतिज़ार कर

जी भर के हमको ख़ून के आँसू रुला तू आज
कल हम तुझे रुलाएँगे बस इंतिज़ार कर

जब तक क़लम से काम चलेगा चलाएँगे
फिर तेग़ भी उठाएँगे बस इंतिज़ार कर

ख़ामोश हैं तो गूँगा समझ बैठा है हमें
हम शोर भी मचाएँगे बस इंतिज़ार कर

मसनद पे तुझको हमने बिठाया है ये न भूल
हम ही तुझे उठाएँगे बस इंतिज़ार कर

64

वक़्त मुश्किल कट रहा है, और तो सब ठीक है
दिल ज़रा नाशाद सा है, और तो सब ठीक है

आँख के बादल बरसते जा रहे हैं रात दिन
गाँव में सूखा पड़ा है, और तो सब ठीक है

वो जो दो पौदे लगा कर तुम गए थे शहर को
उन में इक मुरझा गया है, और तो सब ठीक है

ज़ख़्म था तो दर्द से भी जी बहल जाता था कुछ
अब तो वो भी भर गया है, और तो सब ठीक है

कोशिशें करते हैं शब भर नींद पर आती नहीं
काम से जी भागता है, और तो सब ठीक है

रूह तो पहले ही तेरे साथ रुख़सत हो गई
जिस्म आधा रह गया है, और तो सब ठीक है

तेरे बिन क्या ठीक है और क्या नहीं ये तू समझ
मैंने यूँ ही कह दिया है, और तो सब ठीक है

65

सखी के पाँव में मेहंदी लगी है
मुई के पाँव में मेहंदी लगी है

उदासी साथ चलती है हमारे
ख़ुशी के पाँव में मेहंदी लगी है

सभी कहने को मेरे हम क़दम हैं
सभी के पाँव में मेहंदी लगी है

वो जिसके साथ घर से भागना था
उसी के पाँव में मेहंदी लगी है

समुंदर से कहो ख़ुद आए मिलने
नदी के पाँव में मेहंदी लगी है

किसी के पाँव भीगे हैं लहू से
किसी के पाँव में मेहंदी लगी है

66

कोई भी हल कोई रस्ता नहीं निकालूँगा
मैं अपने आपको मुश्किल में और डालूँगा

सभी ये कहते थे मैं रौशनी बना लूँगा
किसे पता था मैं ख़ुद को ही जला लूँगा

मिरे ये रोग मुझे खा ही जाएँगे, फिर भी
तुम्हारे वास्ते ख़ुद को ज़रा बचा लूँगा

अकेला छोड़ना मुझको सही नहीं होगा
अकेला पाते ही मैं ख़ुद को मार डालूँगा

मैं इस लिए भी बहुत हौसले से दौड़ा था
वो कह रहा था गिरोगे तो मैं उठा लूँगा

67

दराज़ उम्र दुआओं से तंग आ जाए
वो इतना ख़ुश हो कि ख़ुशियों से तंग आ जाए

ख़ुदा करे कि तिरे सर से धूप दूर रहे
ख़ुदा करे कि तू सायों से तंग आ जाए

मिले वो प्यार जो अब तक मिला न हो तुझको
तू अपने चाहने वालों से तंग आ जाए

सँवारने को तिरी ज़ुल्फ़ उंगलियाँ हो करोड़
फिर ऐसा हो कि तू ज़ुल्फ़ों से तंग आ जाए

तिरे चराग़ से इतने चराग़ रौशन हों
तू ख़ुद के बाँटे उजालों से तंग आ जाए

मैं चाहता हूँ तिरी ज़िन्दगी बहार सी हो
खिलें वो फूल के फूलों से तंग आ जाए

68

जितना सुंदर तन है उसका उतना सुंदर मन भी है
हैरत है ऐसी दुनिया में कुछ इतना पावन भी है

कहीं कहीं पर संजीदापन कहीं ज़रा बचपन भी है
थोड़ी चालाकी है उसमें थोड़ा भोला-पन भी है

मीठी मीठी बोली उसकी प्यारा सा संगीत कोई
जिसमें पायल की छम-छम है कंगन की खन-खन भी है

आप नहीं मिल पाए गर तो वनवासी हो जाऊँगा
पहली इच्छा आप हो मेरी, दूजी इच्छा वन भी है

प्रेम का कोई धर्म नहीं है, प्रेम की कोई ज़ात नहीं
प्रेम कहीं है राजकुमारी, प्रेम कहीं धोबन भी है

इक दूजे का रंग चढ़ा है, ऐसे प्रेम किया हमने
थोड़ी राधा है अब मुझमें, उसमें कुछ मोहन भी है

69

वो सदा नहीं जिसे सुन सको न वो रंग है जो दिखाई दे
वो तो बू-ए-गुल की तरह है जो न दिखाई दे न सुनाई दे

अता मुझको ऐसी तू दीद कर मेरे दिल को ऐसा मुरीद कर
तेरे बाद भी तू ही तू दिखे तेरे बाद भी तू सुनाई दे

जो कमाया मैंने भला बुरा मुझे कर अता तू मेरे ख़ुदा
मिरे जुर्म की दे सज़ा मुझे मेरी नेकियों की कमाई दे

तू कहाँ किसी से भी दूर है यहाँ सब में तेरा ही नूर है
जिसे देखने की हो चाह गर उसे सब में तू ही दिखाई दे

ये हिसार कैसा है जिस्म का कि क़फ़स हो कोई ये ख़ाक का
तू मिला दे ख़ाक को ख़ाक में मेरी रूह को तू रिहाई दे

70

बिला सबब जो मुहब्बत दिखा रहे हैं लोग
ज़रूर फिर नयी साज़िश बना रहे हैं लोग

जो सच है मेरा वो उनसे छुपा रहे हैं लोग
कहानी कितनी बदल कर सुना रहे हैं लोग

थे कल जो पाँव में अब सर पे चढ़ रहे हैं वो
हमीं से सीख के हमको सिखा रहे हैं लोग

उधर चमन है कोई और न कोई मंज़िल है
न जाने कौन से रस्ते पे जा रहे हैं लोग

वो चाँद तारे या बादल कहाँ से लायेंगे
अलग जो आस्मां ख़ुद का बना रहे हैं लोग

दिलों से आ रही बदबू का कुछ नहीं करते
फ़क़त लिबास पे ख़ूश्बू लगा रहे हैं लोग

71

बादशाहों की अना पल में मिटा देता है
छीन कर ताज वो कासा भी थमा देता है

खेल अब ख़त्म है ये सबको बता देता है
जब वो मिट्टी में ही मिट्टी को मिला देता है

अब्र बरसे तो तिरी याद दिला देता है
दिल के सोये हुए अरमान जगा देता है

जब भी मिलता है सभी दर्द मिटा देता है
मेरी रोती हुई आँखों को हँसा देता है

रोग से माँ है परेशान मगर बेटा तो
जो कमाता है हसीनों पे लुटा देता है

चाहिए सबको वही जिसके नहीं काबिल वो
उससे खुश कोई नहीं है जो ख़ुदा देता है

कामयाबी की मिरी जब भी वो पढ़ता है ख़बर
तिलमिला उठता है अख़बार जला देता है

ख़ुद को आईने में देखा तो लगा ये मुझको
इश्क़ इंसान को पागल सा बना देता है

वो ख़फ़ा जब भी हुआ करता है मुझसे "आनंद"
मेज़ से फिर मिरी तस्वीर हटा देता है

72

तनहा सारी उम्र बिताना मुश्किल होता है
ख़ुद ही अपना दिल बहलाना मुश्किल होता है

कोशिश कर करके देख रहे हैं उसे मनायें पर
पत्थर दिल को मोम बनाना मुश्किल होता है

वो आँखों से दिल की बातें जान ही लेगा सब
उस से कोई बात छुपाना मुश्किल होता है

हर इक रस्ता आसाँ है ये हमने देखा पर
तेरी गली से आना जाना मुश्किल होता है

दुनिया के बारे में लिखना कितना आसाँ है
पर तुझको ग़ज़लों में लाना मुश्किल होता है

उसके बिन ये सारा जीवन कैसे काटोगे
जिसके बिन इक पल भी बिताना मुश्किल होता है

लाख करो कोशिश पर दुनिया जान ही लेती है
ख़ूशबू हो या इश्क़ छुपाना मुश्किल होता है

चाँद सितारे फूल परिंदे सब बन जाते हैं
बस तेरी तस्वीर बनाना मुश्किल होता है

हम तेरी तस्वीर को ही सीने से लगाते हैं
तुझको तो सीने से लगाना मुश्किल होता है

73

ख़मोश थे और बा-अदब थे, तू शुक्र कर तेरे पास थे हम
वगरना ख़ुद को ही नोच खाएँ, वो आदमी बद-हवास थे हम

पलट के वापिस न जा सके फिर किसी की उम्मीद-ओ-आस थे हम
सुना है नाबीना हो गईं हैं वो, जिन निगाहों को रास थे हम

हमेशा हमने उसे बचाया ज़माने भर की बुरी नज़र से
जब उसकी क़िस्मत में कुछ नहीं था, तब उसके तन का लिबास थे हम

नहीं पुकारा है उसने हमको तो कितने कड़वे से हो गए हैं
लबों पे उसके रखे थे जब तक, तो कितनी उम्दा मिठास थे हम

छिड़क लिया उसने ख़ुद पे हम को तो ख़ुशबुओं में गिने गए हैं
तमाम ख़ुशियाँ थीं दूर हम से, उदासियों की वो बास थे हम

74

क्यूँ सिखाया था इश्क़ खेल मुझे
झेलना पड़ गया ना, झेल मुझे

ख़्वाब में कोई जाता दिखता है
तंग करती है एक रेल मुझे

मेरे साये से बैर है मेरा
तू उजाले में मत धकेल मुझे

सब किसी जुर्म में हैं क़ैद यहाँ
दुनिया लगती है एक जेल मुझे

जान ले लेता है चराग़ों की
पानी लगता है तेरा तेल मुझे

उसका क़ैदी हूँ कहना पड़ता है
अच्छी लगती है तेरी जेल मुझे

मार डालूँगा दुःख की चीलों को
ज़िन्दगी दे मेरी गुलेल मुझे

75

तमाम उम्र करो और जम के भूल करो
मगर क़ुबूल हो करना तो सब क़ुबूल करो

तुम्हारे दिल में है कुछ गर तो फिर क़ुबूल करो
वगरना छोड़ो, मिरा वक़्त मत फ़ुज़ूल करो

रहे वो साथ तो दुनिया भी वार दो उस पर
बिछड़ के जाने लगे गर तो सब वसूल करो

शरीफ़ रहने को कहते हैं मिरे घर के लोग
जवान उम्र ये कहती है कोई भूल करो

गुनाह कर के सज़ा माँगो ख़ुद ही ख़ुद के लिए
कोई भी काम जो करना हो बा-उसूल करो

सही तरीक़े से लिक्खो मुहब्बतों की ग़ज़ल
जहाँ पे ख़ार लिखा है वहाँ पे फूल करो

76

वो जिसके पाँव में रक्खे हों कायनात के फूल
क़ुबूल कैसे करेगा वो मेरे हाथ के फूल

बनी भी उसकी किसी से तो सिर्फ़ हम से ही
उसे पसंद भी आए तो काग़ज़ात के फूल

किसी का तोहफ़ा किसी और को दिया उसने
किसी को दे दिए उसने किसी के हाथ के फूल

लिए गए थे किसी सेज पर बिछाने को
जनाज़ा खा गया सारे सुहागरात के फूल

वो ख़ुश्बुओं का भी मज़हब निकाल लेता है
उसे ये लगता है होते हैं ज़ात पात के फूल

उदास लोगों को देते नहीं हैं फूल उदास
सहर में देना न उसको कभी भी रात के फूल

किसी ज़माने में महँगा नहीं था इश्क़ मियाँ
कि चाय ढाई की आती थी साढ़े सात के फूल

77

बहाना कर के वो बिछड़ा था मुझसे
या दूजा वाक़ई अच्छा था मुझसे

उसे जब जब ज़माना तंग करता
वो उसको छोड़ कर लड़ता था मुझसे

महीनों फूल भिजवाने पड़े थे
वो पहली बार जब रूठा था मुझसे

भरोसा फिर किसी पर हो न पाया
तुम्हारा आख़िरी रिश्ता था मुझसे

बड़ी मुद्दत में फिर से हाथ आया
बड़ी उजलत में जो छूटा था मुझसे

बुलंदी पर पहुँच कर भूल बैठा
जो अक्सर सीढ़ियाँ लेता था मुझसे

अब उसके बिन भी हँस कर कट रही है
कभी इक पल नहीं कटता था मुझसे

78

उसका दामन भर जाते हैं
अपना ख़ाली कर जाते हैं

कहने वाले कहते हैं बस
करने वाले कर जाते हैं

जिनके घर जन्नत होते हैं
काम से सीधा घर जाते हैं

मरने की धमकी नहीं देते
मरने वाले मर जाते हैं

उन ज़ख़्मों पर शे'र न कहना
जो दो दिन में भर जाते हैं

इतना अच्छा इन्साँ मत बन
अच्छे जल्दी मर जाते हैं

करना है तो धोका कर ले
वादे से हम डर जाते हैं

79

ये प्यार तेरी भूल है, क़ुबूल है?
मैं संग हूँ, तू फूल है, क़ुबूल है?

दग़ा भी दूँगा प्यार में कभी कभी
कि ये मिरा उसूल है, क़ुबूल है?

तुझे जहाँ अज़ीज़ है तो छोड़, जा
मुझे ये शय फ़ुज़ूल है, क़ुबूल है?

तू रूठी भी तो मैं मनाऊँगा नहीं
जो रूल है वो रूल है, क़ुबूल है?

लिपट ऐ शाख़-ए-गुल मगर ये सोच कर
मेरा बदन बबूल है, क़ुबूल है?

यही है गर तिरी रज़ा तो बोल फिर
क़ुबूल है, क़ुबूल है, क़ुबूल है!

80

कहाँ रहता हूँ क्या है नाम ख़ुद ही भूल जाता हूँ
ज़माना सोचता है मैं उसे पागल बनाता हूँ

हम अपने काम में माहिर है दोनों, कर के रहते हैं
वो वादे तोड़ देता है मैं तारे तोड़ लाता हूँ

किसी दिन कर भी जाऊंगा जो ग़ज़लों में कहा मैंने
तुम्हें लगता है शायर हूँ मैं बस बातें बनाता हूँ

मिरे जैसा कोई पागल नहीं सारे ज़माने में
जहाँ सब रोने लगते हैं वहाँ मैं मुस्कुराता हूँ

चला जाता हूँ घर से लड़ के उससे जब भी गुस्से में
गली के मोड़ से घबरा के वापिस लौट आता हूँ

जहाँ पर मोम होना हो वहाँ हो जाता हूँ पत्थर
जहाँ पर सख़्त रहना हो वहीं मैं टूट जाता हूँ

81

ये सुन कर हर कोई हैरान है अब
तू मेरी जाँ, किसी की जान है अब

मिला कर ख़ाक में अरमाँ हमारे
वो पूछे है कोई अरमान है अब

तिरे कांधे की पहले शाल थी जो
हमारे घर का दस्तरख़्वान है अब

सभी से सरसरी रिश्ता ही रक्खो
मुहब्बत में बड़ा नुक़्सान है अब

नहीं पहचानता अब कोई मुझ को
यही मेरी नई पहचान है अब

वो झूटा था मिरा महबूब पहले
जो इक आ'ला सियासत-दान है अब

उसे 'कुन' कहने की लत पड़ गई है
उसे लगता है वो भगवान है अब

चलो जाओ हमारा हाथ छोड़ो
तुम्हारा रास्ता आसान है अब

82

किसी के वास्ते गुल हैं किसी को ख़ार हैं हम लोग
किसी के जानी दुशमन हैं किसी के यार हैं हम लोग

मुहब्बत कर तो लेते हैं मगर मजबूरियों के साथ
हमारा मसअला ये है दिहाड़ी-दार हैं हम लोग

उसे कहना दवा दे आके हमको अपने हाथों से
उसे कहना कई दिन से बड़े बीमार हैं हम लोग

दरो-दीवार से रिश्ता बनाकर दुःख ही होना है
हमारा घर नहीं है ये किराएदार हैं हम लोग

हमारे जिस्म पर दुनिया का इक बाज़ार चस्पाँ है
किसी सरकारी बिलडिंग की कोई दीवार हैं हम लोग

कहीं क़समें निभाते हैं कहीं पर तोड़ देते हैं
कहीं ईमान वाले हैं कहीं गद्दार हैं हम लोग

83

ये वाक़िआ भी मुहब्बत में पेश आया था
कि एक दूजे से हमने फ़रेब खाया था

लहू-लुहान हुआ है तो हैरतें कैसी
ये हाथ मैंने ही उसकी तरफ़ बढ़ाया था

ग़ज़ल से ज़ोर ज़बरदस्ती की गई फिर से
ख़याल आया नहीं था वो खींच लाया था

अब उसकी चाह है मेरा गला दबाने की
वो जिसने पहले कभी मेरा सर दबाया था

जब उसने मुझसे कहा कोई भी नहीं मेरा
तब उसके माथे पे इक नाम जगमगाया था

वो मेरे वास्ते दुःख भी रहा था और सुख भी
उसी की धूप थी सर पर उसी का साया था

फ़ुज़ूल ख़र्च में ही ख़त्म कर दिया उसने
बड़े नसीब से उसने मुझे कमाया था

84

उसको लम्हें की देर होती है
मेरे मरने की देर होती है

ज़िन्दगानी को मौत बनने में
एक सदमे की देर होती है

रास्ते ख़ुद निकलने लगते हैं
सिर्फ़ चलने की देर होती है

प्यार को ज़िन्दगी बनाने में
मांग भरने की देर होती है

छोड़ जाता है हर कोई झट से
आँख मलने की देर होती है

टूट जाता है हर बड़ा रिश्ता
एक जुमले की देर होती है

भाई भाई को मार देता है
बाप मरने की देर होती है

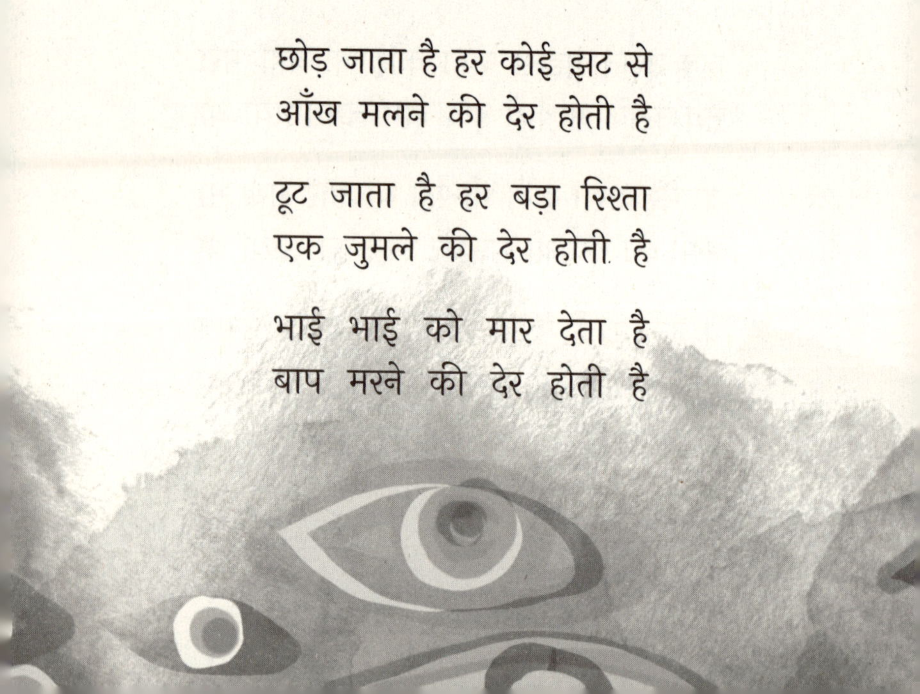

85

वो इक लड़की नहीं, बैचैन और बेताब बोतल में
किसी ने कर रखा है क़ैद मेरा ख़्वाब बोतल में

कोई शर्बत नहीं है और न कोई आब बोतल में
ये उसके अश्क हैं, यानी कई सैलाब बोतल में

जहाँ से तैरती गुज़रे, उबल पड़ता है वो दरिया
ये किसने डाल कर फेंके हैं अपने ख़्वाब बोतल में

हम अपना ग़म लिए सहरा में आकर बस गए, और लोग
किए जाते हैं अपनी ज़िंदगी ग़र्क़ाब बोतल में

सितारे उनसे इतराते हैं, उनको सीख देते हैं
जिन्होंने ख़ुद उतारे हैं कई महताब बोतल में

वो अंदर और बाहर से अलग किरदार वाला है
कि जैसे ज़हर होता है किसी नायाब बोतल में

नज़्में

उस से मुहब्बत

झीलें क्या हैं?
उसकी आँखें

उम्दा क्या है?
उसका चेहरा

ख़ुश्बू क्या है?
उसकी साँसें

खुशियाँ क्या हैं?
उसका होना

तो ग़म क्या है?
उससे जुदाई

सावन क्या है?
उसका रोना

सर्दी क्या है?
उसकी उदासी

गर्मी क्या है?
उसका ग़ुस्सा

और बहारें?
उसका हँसना

मीठा क्या है?
उसकी बातें

कड़वा क्या है?
मेरी बातें

क्या पढ़ना है?
उसका लिक्खा

क्या सुनना है?
उसकी ग़ज़लें

लब की ख़्वाहिश?
उसका माथा

ज़ख़्म की ख़्वाहिश?
उसका छूना

दुनिया क्या है?
इक जंगल है

और तुम क्या हो?
पेड़ समझ लो

और वो क्या है?
इक राही है

क्या सोचा है?
उस से मुहब्बत

क्या करते हो?
उस से मुहब्बत

मतलब पेशा?
उस से मुहब्बत

इस के अलावा?
उस से मुहब्बत

उस से मुहब्बत

उस से मुहब्बत

उस से मुहब्बत...

आख़िरी गेंद

आख़िरी गेंद ज़िन्दगी की है
और कुछ रन से रह गया हूँ मैं

कुल मिल कर हैं पाँच रन बाक़ी
एक उसकी ख़ुशी का बाक़ी है
दूसरा उसकी ख़्वाहिशों का रन
तीसरा उसकी चाहतों के लिए
चौथा उसकी वफ़ाओं की ख़ातिर
पाँचवाँ उसके शुक्रिए के लिए
और पूरी उम्मीद है उसको
मुझको नो-बॉल मिलने वाली है
ज़िन्दगी के ख़िलाफ़ जिसपे मैं
एक चौका निकाल ही लूँगा
और इस ज़िन्दगी के ओवर की
आख़िरी गेंद भी बचा लूँगा
आइए देखते हैं क्या होगा
आख़िरी गेंद पड़ने वाली है

उसकी खुशियाँ

सारी झीलें सूख गई हैं
उसकी आँखें सूख गई हैं

पेड़ों पर पंछी भी चुप हैं
उसको कोई दुःख है शायद

रस्ते सूने सूने हैं सब
उसने टहलना छोड़ दिया है

सारी ग़ज़लें बे-मानी हैं
उसने पढ़ना छोड़ दिया है

वो भी हँसना भूल चुकी है
गुलों ने खिलना छोड़ दिया है

सावन का मौसम जारी है
या'नी उसका ग़म जारी है

बाक़ी मौसम टाल दिए हैं
सुख कुएँ में डाल दिए है

चाँद को छुट्टी दे दी गई है
तारों को मद्धम रक्खा है

आतिश-दान में फैंक दी ख़ुशियाँ
दिल में बस इक ग़म रक्खा है

खाना-पीना छोड़ दिया है
सबसे नाता तोड़ दिया है

हाए क़यामत आने को है
उसने जीना छोड़ दिया है

हर दिल ख़ुश हर चेहरा ख़ुश हो
वो हो ख़ुश तो दुनिया ख़ुश हो

वो अच्छी तो सब अच्छा है
और दुनिया में क्या रक्खा है

ये सब सुन के ख़ुदा ने बोला
बोल तिरी अब ख़्वाहिश क्या है?

मैंने बोला मेरी ख़्वाहिश?
मेरी ख़्वाहिश, उसकी ख़ुशियाँ

ख़ुदा ने बोला तेरी ख़्वाहिश?
मैंने बोला, उसकी ख़ुशियाँ

इसके अलावा पूछ रहा हूँ
मैं फिर बोला, उसकी ख़ुशियाँ

अपने लिए कुछ माँग ले पगले
माँग लिया ना, उसकी ख़ुशियाँ

उसकी ख़ुशियाँ, उसकी ख़ुशियाँ
उसकी ख़ुशियाँ, उसकी ख़ुशियाँ...

मसनवियाँ

सब तुम्हारे हैं

फ़लक पे जितने सितारे हैं सब तुम्हारे हैं
और ऐसे जितने नज़ारे हैं सब तुम्हारे हैं

तुम्हारे माथे पे सजने को माहताब बना
तुम्हारी ज़ुल्फ़ सुखाने को आफ़ताब बना

तुम्हारे वास्ते झीलें बनाई हैं रब ने
ज़मीं पे जैसे निगाहें बनाई हैं रब ने

तुम्हारे वास्ते मोरों ने नाचना सीखा
तुम्हारे वास्ते कोयल ने कूकना सीखा

नदी पहाड़ घटा आबशार किसके हैं
अगर तुम्हारे नहीं हैं तो यार किसके हैं

तुम्हारे वास्ते हर रंग कायनात का है
तुम्हारे वास्ते सब कुछ ख़ुदा के हाथ का है

जहाँ में जो भी है प्यारा वो सब तुम्हारा है
और इसके बाद जो बचता है वो हमारा है

तुम्हारे वास्ते ही हैं जहाँ के सारे सुख
वो और लोग हैं जिनके लिए बने हैं दुःख

दुबारा मुझसे ना कहना कोई तुम्हारा नहीं
ये बात सुनना भी तुम से मुझे गवारा नहीं

कहा न मैंने तुम्हारे हैं सब तुम्हारे हैं
जहाँ में जितने नज़ारे हैं सब तुम्हारे हैं

तुम्हारे हैं ये मिरी जान सब तुम्हारे हैं
यक़ीन कर लो तुम्हारे हैं सब तुम्हारे हैं

ख़ुदा से मिले हुए हो तुम

कहाँ से आते हैं दुनिया में तुम-से अच्छे लोग
कि मैंने देखे नहीं हैं कहीं भी ऐसे लोग

सभी को हौसला देते हो ख़ुद निढाल हो तुम
तभी तो कहता हूँ तुमसे बहुत कमाल हो तुम

उदास लोगों को हँसना सिखाते रहते हो
तुम अपने दर्द में भी गुनगुनाते रहते हो

ये कैसे करते हो सब कुछ मुझे बताओ ना
मुझे भी सीखना है ये कभी सिखाओ ना

कि सीखना है मुझे तुमसे ज़िंदगी का सबक़
कि कैसे देते हो दूजे को यूँ ही अपना हक़

मुझे बताओ ये शिद्दत कहाँ से लाते हो
तुम अपने दिल में मुहब्बत कहाँ से लाते हो

कभी किसी को कोई बद्दुआ नहीं देते
भला जो करते हो उसका सिला नहीं लेते

गुनहगार को दिल से मुआफ़ करते हो
जो ज़ख़्म देता है उसके ही ज़ख़्म भरते हो

कोई भी वादा जो करते हो तोड़ते ही नहीं
कि थाम लेते हो जो हाथ छोड़ते ही नहीं

वफ़ा मिले न मिले पर वफ़ाएँ देते हो
तुम अपने दुश्मनों को भी दुआएँ देते हो

मुझे बताओ ये ताक़त कहाँ से लाते हो
बताओ मुझको ये हिम्मत कहाँ से लाते हो

मुरादें माँगते रहते हो तुम तो सबके लिए
कभी भी माँगा नहीं कुछ भी तुमने अपने लिए

किसी भी तौर किसी भी सबब नहीं देखी
फ़ुज़ूल चीज़ की तुम में तलब नहीं देखी

अंगूठी कोई न ही हार माँगते हो तुम
ज़रा सा अपनों से बस प्यार माँगते हो तुम

ये सच्ची बातें हैं कोई बनी बनाई नहीं
ख़ुदा के जैसे ही तुम में कोई बुराई नहीं

तुम इतनी प्यार की दौलत कहाँ से लाते हो
बताओ इसकी हक़ीक़त, कहाँ से लाते हो

जहाँ भी ढाला किसी ने वहीं ढले हो तुम
अजीब क़िस्म का दिल ले के जी रहे हो तुम

मैं पूछता हूँ मगर तुम कभी बताते नहीं
मैं जानता हूँ ख़ुदा से मिले हुए हो तुम